Cristoforo Colombo
e la Scoperta dell'America
Copyright © 2023 Samuel John

Cristoforo Colombo

1492

Cristoforo Colombo **era un esperto cartografo e navigatore di origine genovese.**

- **Cartografia:** È la scienza che si occupa dello studio e dell'elaborazione delle mappe.

Al tempo di Cristoforo Colombo si credeva che la Terra fosse piatta.

Tuttavia, egli sosteneva che fosse rotonda e intendeva dimostrarlo.

N
W
E
S

Per dimostrare la sua teoria, Cristoforo Colombo intendeva raggiungere le Indie circumnavigando il mondo, attraversando l'Oceano Atlantico.

Ciò avrebbe fornito una nuova rotta per il trasporto di seta e spezie, molto apprezzate e preziose in Europa.

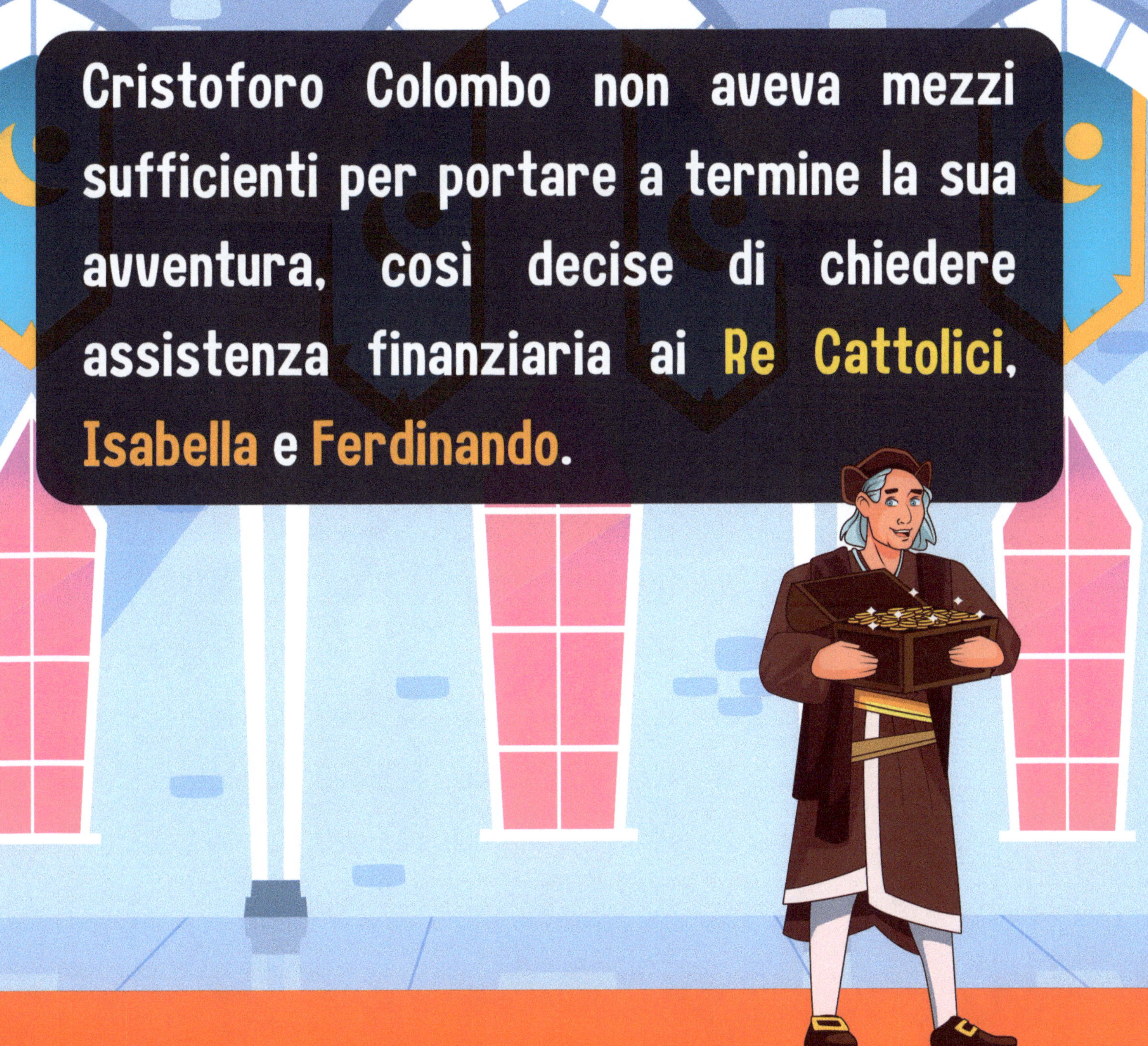

Cristoforo Colombo non aveva mezzi sufficienti per portare a termine la sua avventura, così decise di chiedere assistenza finanziaria ai Re Cattolici, Isabella e Ferdinando.

Così, il 3 agosto 1492, il nostro intrepido navigatore salpò dal **porto di Palos**.

- **Porto di Palos:** Porto fluviale di Palos de la Frontera (attualmente a Huelva, Spagna).

Per quella prima spedizione aveva tre navi
e un equipaggio di 120 uomini.

I nomi delle tre navi usate da Cristoforo Colombo nel suo primo viaggio erano La Pinta, La Niña e Santa María.

La Santa Maria era una Nao e le altre due imbarcazioni erano caravelle.

- **Nao:** Imbarcazione di grandi dimensioni, dotata di ponte e vele, ma senza remi. Veniva utilizzata principalmente tra il XIV e il XVII secolo.
- **Caravella:** Veliero leggero, utilizzato in Spagna e Portogallo nei viaggi oceanici nel XV e XVI secolo.

Cristoforo Colombo salpò a bordo della nave più grande, la Santa Maria.

Prima di attraversare l'Oceano Atlantico, la spedizione fece tappa alle Isole Canarie per fare rifornimento e riparare la Pinta.

Dopo più di un mese in mare, l'equipaggio si infuriò per la mancanza di cibo e acqua e per l'incertezza di trovare terra.

I marinai si **ammutinarono**, chiedendo il loro ritorno in Spagna.

- **Ammutinamento:** Quando un gruppo di persone si ribellano (rifiutando di obbedire) contro l'autorità.

Cristoforo Colombo chiese un po' di pazienza, sicuro che presto avrebbero raggiunto la terraferma.

Poco dopo videro dei gabbiani. Questo era un segno che si stavano avvicinando a una zona costiera.

Secondo il diario di bordo di Colombo, la mattina presto del 12 ottobre 1492, **Rodrigo de Triana** avvistò terra dall'albero maestro della Pinta, gridando...

- **Diario di bordo:** Taccuino in cui Colombo annotava gli eventi importanti accaduti durante la navigazione.
- **Albero maestro:** L'albero o palo più alto situato al centro della nave. Era lì che era installato il cesto, da dove si osservava l'orizzonte.

Terra in vista!

Colombo sbarcò con i suoi uomini sull'isola di Guanahani, che fu battezzata con il nome di San Salvador.

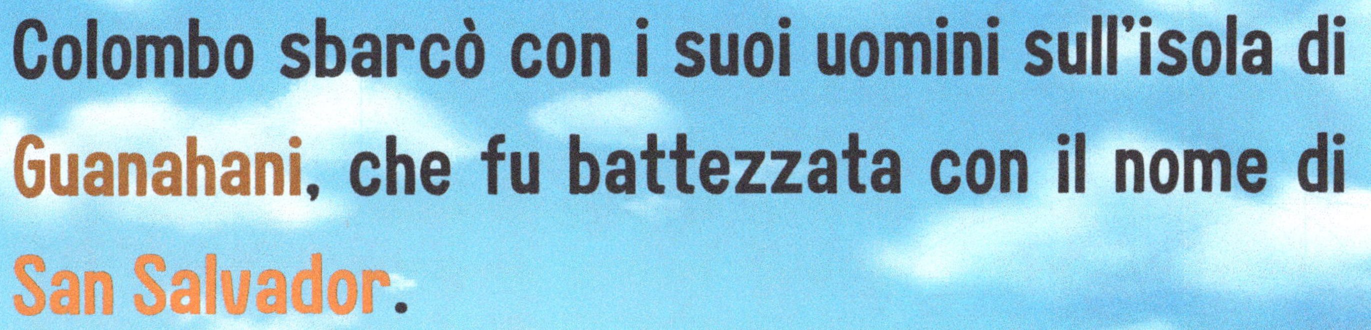

Con la scoperta delle nuove terre iniziò uno scambio di prodotti e di animali.

In Europa venivano portati prodotti alimentari sconosciuti, come pomodori, ananas, cacao, patate, mais, ecc.

Animali (cavalli, mucche, pecore...) e piante (grano, viti, olive...) arrivarono in America dall'Europa.

I Re Cattolici finanziarono tre nuovi viaggi, interessati alla nuova rotta commerciale e all'oro che Colombo portò dall'America.

Il 20 maggio 1506 Cristoforo Colombo morì, ancora convinto di aver scoperto una nuova rotta per le Indie Orientali.

Sapevi che la **Colombia** prende il nome da Cristoforo Colombo?

Tuttavia, non ha mai messo piede sul suolo colombiano.

Fu Amerigo Vespucci a intuire che questa rotta non portava alle Indie Orientali, ma a un nuovo continente.

In suo onore, il nuovo continente fu chiamato America.

Siamo arrivati alla fine dell'avventura!

Spero che ti sia piaciuto e che tu abbia imparato cose nuove.

Voglio chiederti un favore affinché questo libro raggiunga più persone, e cioè che tu lo valuti con un parere sincero sulla piattaforma dove lo hai acquistato.

Con quel piccolo gesto mi aiuterai a portare avanti nuovi progetti.

Non vedo l'ora di iniziare a creare il mio prossimo libro per te!

A presto!

IMPARA CON I NOSTRI LIBRI EDUCATIVI PER BAMBINI

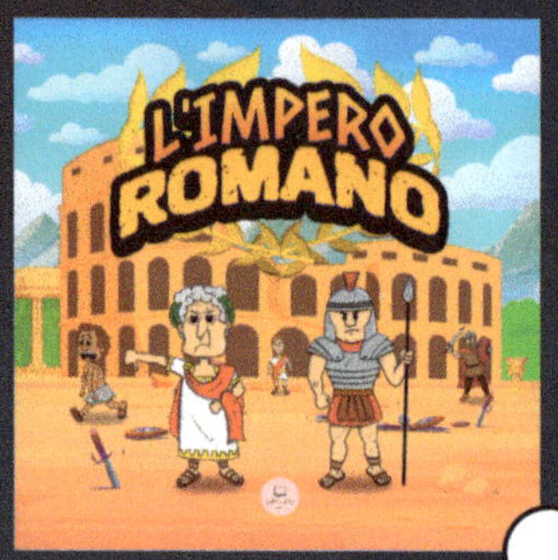

 contacto@samueljohnbooks.com

 www.amazon.it/dp/B09WJ4C4BQ

9 788412 747843